Il mio primo Grieg

(Pozzoli)

My First Grieg   Mein erster Grieg

RICORDI

INDICE

INDEX

INHALTSVERZEICHNIS

E. R. 2600

Edvard Grieg *(1843-1907)*

RACCOLTA DI PEZZI FACILI

PER PIANOFORTE *(Ettore Pozzoli)*

EASY PIECES
FOR PIANO

LEICHTE STÜCKE
FÜR KLAVIER

CANTO NAZIONALE
NATIONAL SONG   VATERLÄNDISCHES LIED

Op. 12 n. 8

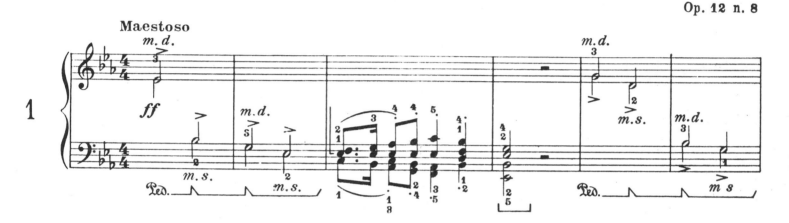

RISTAMPA 1993
© Copyright 1958, by G. RICORDI & C. s.p.a.-Milano
E.R. 2600
IMPRIMÉ EN ITALIE

MELODIA POPOLARE

POPULAR MELODY   VOLKSWEISE

Op. 38 n. 2

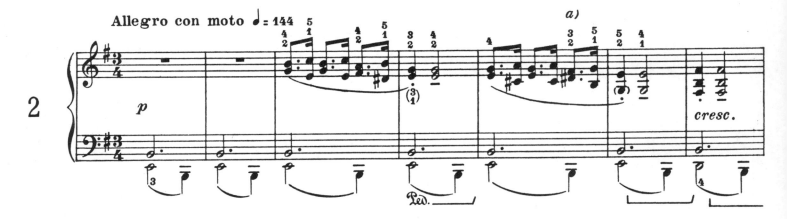

a) per facilitare   b) originale

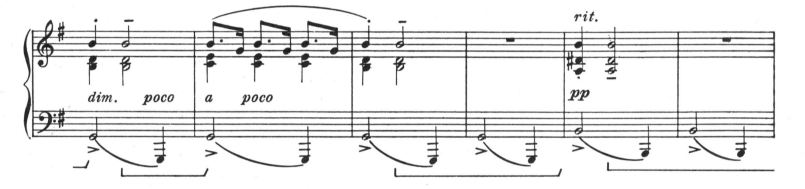

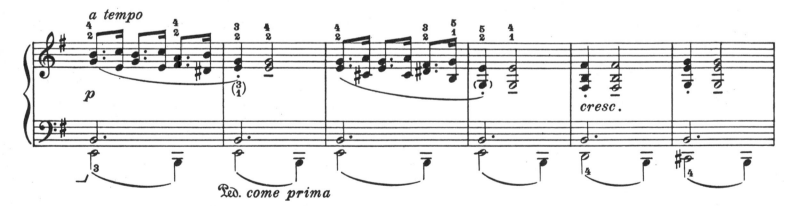

VALZER
WALTZ   WALZER

Op. 12 n. 2

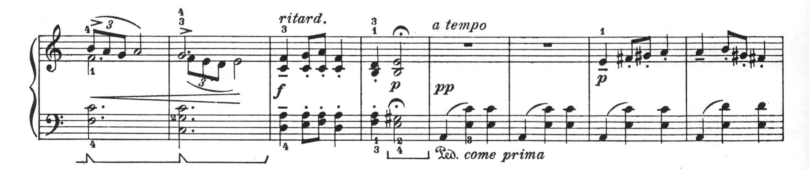

ARIETTA

Op. 12 n. 1

Poco andante e sostenuto

DANZA DELLE SILFIDI

DANCE OF THE NYMPHS — ELFENTANZ

Op. 12 n. 4

Molto allegro

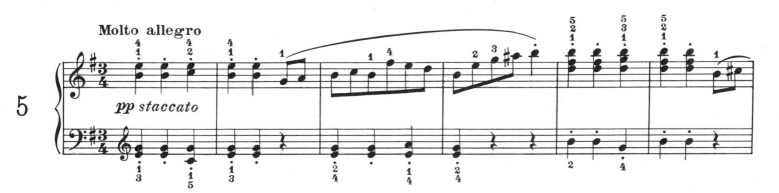

pp staccato

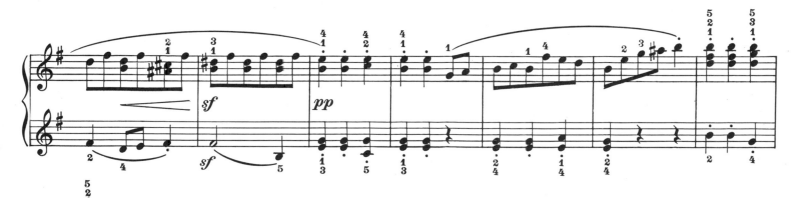

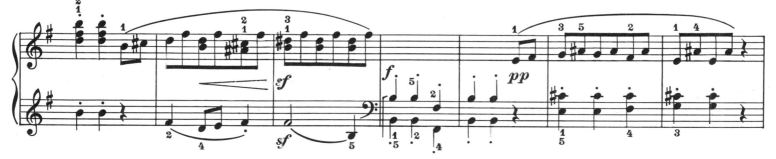

VIANDANTE SOLITARIO

THE LONELY WANDERER

EINSAMER WANDERER

Op. 43 n. 2

UCCELLINO
LITTLE BIRD   VÖGLEIN

Op. 43 n. 4

Allegro leggero ♩. = 88

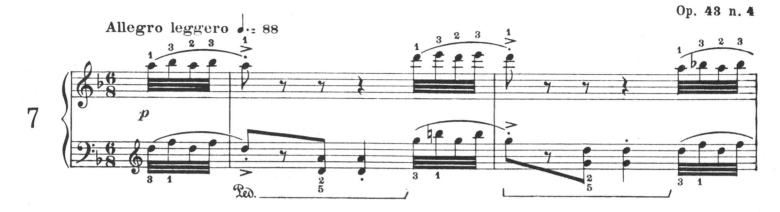

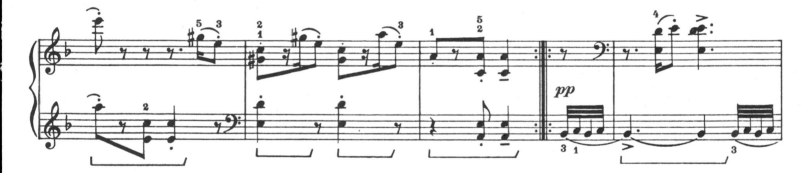

E.R. 2600

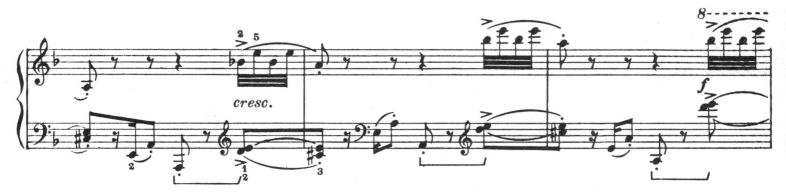

Musiche di autori russi e sovietici per pianoforte

Autori vari
Album: 41 canti popolari russi per i giovani pianisti (132718)

Autori vari
Album: Facili composizioni di autori russi e sovietici (133026)

Autori vari
Album: Il largo Dniepr e altri motivi popolari molto facili sovietici e slavi (133023)

Autori vari
Album: Nel campo c'era una betulla e altri motivi popolari facili sovietici e slavi (133024)

Autori vari
Il giovane pianista (133870)

Autori vari
Metodo russo (A. Nikolaev) per pianoforte (133424)

Autori vari
23 Studi per l'espressione di autori russi e sovietici (134247)

P.I. Ciaikovski
Album per la gioventù op. 39 (Marciano) (E.R. 523)
Il mio primo Ciaikovski (Pozzoli) (E.R. 2599)
Le stagioni op. 37 (Marciano) (E.R. 522)

Valery Diacenko
Album per i bambini.
20 pezzi brevi e dilettevoli (133760)

Yuri Falik
Dieci pezzi (132711)

Elena Ghnesina
L'ABC del pianoforte (133871)

Dmitri Kabalevski
Album di pezzi per bambini (ordinati da I. Spiegel) (134305)
Al campeggio op. 3/86. Vita giovanile op. 14. 11 Pezzi facili (132555)
Avventure di bimbi op. 89. 35 Pezzi facilissimi (132557)
24 Piccoli pezzi op. 39 (131763)

22 Pezzi per fanciulli op. 27 (131783)
Quattro rondò op. 60 (132553)
Sogni infantili op. 88. 6 Pezzi (132556)
Variazioni facili op. 40 (Risaliti) (132334)
Variazioni facili op. 51 (132418)

Aram Kaciaturian
Album per fanciulli. Fascicolo I (131762)
Album per fanciulli. Fascicolo II (132335)
Dieci pezzi per giovani pianisti (132712)
Sonatina (1959) (132554)
Toccata (Grizly) (129526)

Tikon Krennikov
14 Pezzi scelti (132713)

Roman Ledeniov
Piccole cose / Pagine miste.
24 Pezzi facili (133615)

Yuri Levitin
Il flauto di Pan.
24 Pezzi facili e di media difficoltà (132714)

Serghej Prokofiev
Manoscritti infantili (134230)
4 Pezzi op. 4 (Ricordi - Impeto - Disperazione - Suggestione diabolica) (134581)

Dmitri Sciostakovic
Danza delle bambole (133829)
4 Preludi dall'op. 34 (129765)
Quaderno d'infanzia (132260)

Yuri Slonov
28 Pezzi facili (132717)

Mikail Ziv
Album per bambini (132716)

Pianoforte a 4 mani
Autori vari
Canzoni e danze popolari sovietiche. Fascicolo I (132941)
Canzoni e danze popolari sovietiche. Fascicolo II (132942)

DMITRI KABALEVSKY
24 PICCOLI PEZZI OP. 39
24 LITTLE PIECES OP. 39
24 KLEINE KLAVIERSTÜCKE OP. 39
PER PIANOFORTE
FOR THE PIANO
RICORDI

ARAM KACHATURIAN
ALBUM PER FANCIULLI (1964) - II FASCICOLO
ALBUM FOR CHILDREN (1964) - 2ND VOLUME
KINDERALBUM (1964) - HEFT 2
PER PIANOFORTE
FÜR KLAVIER
(R. RISALITI)
RICORDI

CANZONI E DANZE POPOLARI SOVIETICHE
POPULAR SOVIETIC SONGS AND DANCES
SOWJETISCHE VOLKSLIEDER UND VOLKSTÄNZE
PER PIANOFORTE A QUATTRO MANI
FOR PIANO FOUR HANDS
FÜR KLAVIER ZU VIER HÄNDEN
PRIMO FASCICOLO
VOLUME I
BAND I
RICORDI

DMITRI SCIOSTAKOVIC
QUADERNO D'INFANZIA
A CHILDHOOD NOTEBOOK
KINDERHEFT
SEI PEZZI FACILI PER PIANOFORTE
SIX EASY PIECES FOR THE PIANO
SECHS LEICHTE KLAVIERSTÜCKE
RICORDI

RICORDI

Claude Debussy
Revisioni a cura di Jörg Demus

Children's corner, petite suite pour piano seul (132145)

Deux Arabesques (132304)

Jardins sous la pluie. Extrait des Estampes (132405)

Préludes (1er Livre).
Completi (132196)

staccati:

Danseuses de Delphes (132371)

Des pas sur la neige (132373)

La cathédrale engloutie (132223)

La fille aux cheveux de lin (132221)

La sérénade interrompue (132222)

Minstrels (132224)

Voiles (132372)

Préludes (2ème Livre).
Completi (132197)

staccati:

Bruyères (132369)

Feux d'artifice (132370)

La Puerta del Vino (132368)

Suite bergamasque (132323)

staccati:

Clair de lune (132392)

Il mio primo Debussy
Album: Raccolta di pezzi facili (La fille aux cheveux de lin - 1ère Arabesque - The little Negro - The little Shepherd - Serenade for the Doll - Page d'Album - Clair de lune - Rêverie) (E.R. 2730)

RICORDI